RÉSUMÉ

DES

LOIS ANCIENNES ET MODERNES

SUR LA MARINE,

PAR M. BAJOT,

COMMISSAIRE HONORAIRE DE LA MARINE, ANCIEN CHEF DU BUREAU DES LOIS AU MINISTÈRE ;
AUJOURD'HUI CHARGÉ DE LA SURVEILLANCE GÉNÉRALE DES BIBLIOTHÈQUES
DU DÉPARTEMENT DE LA MARINE ET DES COLONIES.

PARIS.
IMPRIMERIE ROYALE.

M DCCC XLI.

RÉSUMÉ

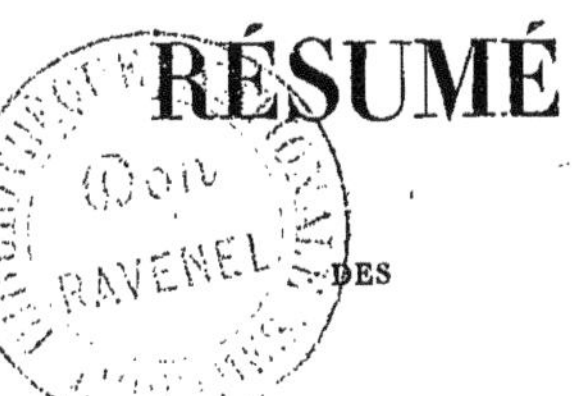

DES

LOIS ANCIENNES ET MODERNES

SUR LA MARINE.

RÉSUMÉ

DES

LOIS ANCIENNES ET MODERNES

SUR LA MARINE,

PAR M. BAJOT,

COMMISSAIRE HONORAIRE DE LA MARINE, ANCIEN CHEF DU BUREAU DES LOIS AU MINISTÈRE; AUJOURD'HUI CHARGÉ DE LA SURVEILLANCE GÉNÉRALE DES BIBLIOTHÈQUES DU DÉPARTEMENT DE LA MARINE ET DES COLONIES.

PARIS.

IMPRIMERIE ROYALE.

M DCCC XLI.

AVERTISSEMENT.

J'ai profité de la réimpression ordonnée en 1840, par le ministre, de la partie des lois et ordonnances des Annales maritimes et coloniales de 1818, pour faire tirer à part un certain nombre d'exemplaires du petit discours placé au commencement du volume. Il contient des renseignements propres à guider les jeunes administrateurs qui, s'adonnant à l'étude des lois maritimes, voudront s'instruire eux-mêmes à fond sur une matière dont j'ai réuni les éléments épars dans plusieurs ouvrages. Dix ans plus tard, mais pour les *lois anciennes* seulement, cette matière a été traitée *in extenso* avec une immense érudition, par M. Pardessus, qui a donné, en 1828, le 1er volume in-4° de sa *Collection de lois maritimes antérieures au XVIIIe siècle*. Les tomes 2, 3, 4 et 5 ont paru successivement dans les années 1831, 1834, 1837 et 1839.

Un article assez étendu, publié dans les Annales maritimes de 1838 (2e partie, tome I, page 168), fait ressortir le mérite de ce grand travail, dont nous n'adoptons cependant pas toutes les hypothèses, notamment celle qui concerne les lois rhodiennes.

La connaissance des *lois anciennes* sur la marine serait stérile si l'on n'y joignait pas celle de sa législation actuelle. Il convenait donc de joindre aux NOTES sur les lois antérieures à 1789 un SOMMAIRE de chacune des principales lois qui régissent la marine depuis cette époque.

La caisse des invalides de la marine a son régime à part : nous avons donné séparément les lois et les règlements qui la concernent.

Enfin, nous avons cru ne pouvoir mieux terminer ce résumé que par la liste des ministres de la marine depuis 1547, époque de la création de la charge, jusqu'en 1841. « La chronologie des Rois et des chefs de gouvernements, avons-nous dit ailleurs, n'est pas plus nécessaire à l'histoire que la chronologie de leurs ministres ne l'est à l'administration. »

RÉSUMÉ

DES

LOIS ANCIENNES ET MODERNES

SUR LA MARINE.

L'origine des lois navales est sans doute très-voisine de celle de la navigation. A peine les premiers habitants des côtes auront-ils confié leur vie à de faibles nacelles, qu'ils auront en même temps senti le besoin de ne pas ajouter aux dangers de la mer ceux que pouvaient faire naître encore la témérité, l'ignorance, la mauvaise foi, la lâcheté. On ne supposera pas que des pêcheurs grossiers aient pu rédiger des lois maritimes : la tradition aura transmis les coutumes, et le temps leur aura donné la sanction avant qu'on en formât un code. C'est ainsi que nos lois coutumières ne furent pendant tant d'années qu'une simple tradition.

Si la nécessité de substituer la navigation à

la culture sur le Nil débordé rendit la mer moins effrayante aux Égyptiens devenus dès lors les premiers navigateurs[1], il faut aussi penser qu'ils durent avoir les premières lois sur la marine. Ce peuple ayant excellé avant tous les autres dans les sciences qui servent à la navigation, celle de la législation maritime pouvait-elle lui échapper ? Sans cet avantage, l'eût-on vu étonner l'univers par l'appareil, alors nouveau[2], d'une réunion de vaisseaux destinés au combat et à la conquête, à travers un élément sur lequel les Grecs n'avaient pas même encore osé voyager ? Une flotte de quatre cents voiles, équipée par Sésostris, est la preuve la plus convaincante d'une législation nautique dans la patrie de ce conquérant.

L'exemple des Égyptiens fut bientôt suivi par les autres nations[3]. Les flottes nombreuses de Sémiramis ne furent pas rassemblées sur le fleuve Indus pour combattre l'armée navale de Stratobatès, sans qu'il existât des lois et un régime de mer en Asie.

Minos, le législateur des Crétois, fut aussi leur premier conquérant. Dans ses lois, il n'oublia point celles qui lui valurent l'empire de la mer grecque et des îles Cyclades, dans lesquelles il envoya le premier des colonies, après en avoir chassé les Cariens[4].

Neuf siècles avant l'ère chrétienne, on voit paraître sur la scène du monde un peuple qui, renfermé dans une île assez étroite, mais heureusement située, appelle insensiblement à lui le commerce de toutes les nations. L'amour des sciences et des arts, de nombreuses colonies, de grandes richesses, une longue prépondérance et le respect des États voisins : tels sont les avantages dont Rhodes fut redevable à sa marine, qui dut elle-même une existence si brillante aux lois qui la régirent. L'authenticité des lois rhodiennes, telles qu'elles sont parvenues jusqu'à nous, a trouvé, je le sais, plus d'un contradicteur; mais ce n'est pas ici le lieu de discuter cette matière, ni de vouloir concilier entre eux les savants. Je dirai seulement que les *Cujas*, les *Leunclave*, les *Marquard Freeher*, *Jacques Godefroy*, *Vinnius* et enfin *Gravina*, ont employé toutes les ressources de leur érudition pour fixer sur ces lois l'attention et la confiance générales. Montesquieu les cite sans la moindre remarque et sans énoncer le plus léger doute[5]. Enfin l'auteur d'Anacharsis s'exprime ainsi par la bouche de son jeune et savant voyageur : « Des hommes de génie sou-

« mirent les Rhodiens à des lois dont la sagesse « est généralement reconnue. Celles qui con- « cernent la mer ne cesseront de les maintenir « dans un état florissant, et pourront servir de « modèle à toutes les nations commerçantes. « Les Rhodiens paraissent avec assurance dans « toutes les mers, sur toutes les côtes : rien n'est « comparable à la légèreté de leurs vaisseaux, « à la discipline qu'on y observe, à l'habileté « des commandants et des pilotes. Cette partie « de l'administration est confiée aux soins vigi- « lants d'une magistrature sévère. Elle punit de « mort ceux qui, sans permission, pénètrent « dans les arsenaux[6]. »

Le texte de ces lois, tiré de la bibliothèque de François Pithou, fut imprimé dans le XVIe siècle, mais d'une manière extrêmement défectueuse[7]. En 1814, M. le docteur Coray, à la prière de M. Firmin Didot, chez lequel je faisais imprimer le *Répertoire de l'administrateur de la marine*, a bien voulu revoir ce texte, qui, après deux siècles, reparaît aujourd'hui plus correct[8].

« Ces lois célèbres, dit M. Pastoret, monu- « ments éternels de la sagesse des Rhodiens, « tour à tour adoptées par les Grecs et par les « Romains, sont venues ensuite se fondre dans

« les ordonnances maritimes des peuples de « l'Europe, et jouissent encore par consé- « quent aujourd'hui de la gloire de présider, au « moins en partie, au commerce de l'univers [9]. »

L'histoire ne nous fournit aucun document sur la manière dont ces lois reçurent leur application en Grèce; mais, à Rome, ce fut au temps de sa plus grande splendeur, et après avoir accepté l'appui de ces illustres insulaires, que les maîtres du monde reconnurent la législation rhodienne comme souveraine de la mer, et surent l'approprier à la forme de leur gouvernement [10].

On doit puiser dans le Digeste la connaissance des lois romaines sur la marine, qui, selon l'ordre des temps, suivent immédiatement les lois grecques [11]. J'en ai donné l'analyse raisonnée dans le répertoire déjà cité [12]. Il est évident que, comme je l'ai dit à la fin de cette analyse, d'après la loi *de Classicis* et celle *de Hereditatibus decurionum naviculariorum*, etc., c'est dans les lois anciennes qu'on a pris l'idée des deux plus belles institutions de notre marine, celle des *Classes* ou *Inscription maritime*, ressource particulière à la France, et qui lui est enviée par ses voisins; et celle de la *caisse des invalides*, dont l'établissement a mérité au Gouvernement l'éternelle reconnaissance des marins et de leurs familles.

Carthage eut sans doute des lois aussi admirables que celles des Rhodiens; mais elles auront subi le sort de tout ce qui appartenait à la rivale de Rome[13].

Nous n'avons aucun monument de législation maritime depuis les derniers temps de la décadence de l'empire romain jusqu'au xe siècle, vers le milieu duquel le premier qui se présente appartient aux habitants d'Amalfi, dans le royaume de Naples[14]. Viennent ensuite les lois du consulat de la mer[15], les jugements d'Oléron[16], et les ordonnances de Wisbuy. Les premières furent adoptées par les États voisins, et conservèrent leur force pendant plusieurs siècles : on les avait prises en grande partie dans les lois rhodiennes. Les secondes, nées du temps des croisades, furent la règle de tous les peuples de l'Europe, et principalement de ceux qui habitaient sur les bords de la Méditerranée. La langue italienne, dans laquelle elles sont écrites, prouve assez leur origine. On doit les jugements d'Oléron à la reine Éléonore, duchesse de Guienne, qui, à son retour de la Terre-Sainte, en fit dresser le premier projet. Ils étaient extrêmement respectés en

France, et ils furent longtemps en vigueur sur les côtes occidentales de l'Europe.

Quant aux ordonnances de Wisbuy, voici ce que dit l'auteur des *Us et coutumes de la mer* : « Au nord de l'île de Gothland, fut jadis une « très-belle et très-magnifique ville, nommée « Wisbuy, bâtie par des étrangers venus au « pays, qui s'adonnèrent tellement à la naviga- « tion, que cette ville fut longtemps la foire et « le marché le plus célèbre de l'Europe. Là ve- « naient commercer les Goths ou Suèves, les « Rous ou Russiens, Danois, Prussiens, Livons, « Allemans, Flamans, Fins, Vandales, Saxons, « Anglais, Écossais, Français, etc. C'est en cette « magnifique ville que les lois et ordonnances « maritimes qui étaient prises et passaient pour « équitables sur toutes les côtes et mers, de- « puis la Moscovie jusqu'au détroit de Gibral- « tar, furent composées et conservées en langue « tudesque ou teutone; mais personne n'a été « si curieux de retenir la date bien exacte du « temps où elles furent mises au jour[17]. »

On cite encore les lois catalanes, valenciennes et aragonaises, qui furent particulières aux diverses contrées de l'Espagne.

Dire que la plupart des lois dont je viens de parler étaient reconnues et suivies en France, c'est déclarer qu'alors nous n'avions point, à proprement parler, de législation sur le fait de la mer. Jusqu'ici tous les détails dans lesquels je suis entré sur cette législation se rapportent au régime et à la discipline intérieure de chaque bâtiment de mer employé pour le commerce, aux relations qu'établit ce commerce entre les particuliers, aux devoirs qu'elles prescrivent, aux obligations qu'elles imposent. Nous allons maintenant considérer la marine comme institution de l'État, comme force publique ayant ses lois propres.

Antérieurement à l'établissement de la monarchie française, on voit que les peuples qui la fondèrent s'étaient rendus redoutables sur mer. « On se ressouvient (dit Eumène, le pa-« négyriste de l'empereur Constance Chlore, « père du grand Constantin) de ce qui arriva « sous l'empire de Probus, lorsqu'une petite « troupe de prisonniers *francs* ou *français*, « que ce prince avait transportée sur le Pont-« Euxin, se saisit de quelques vaisseaux, et, « s'étant mise en mer, alla avec une har-« diesse incroyable ravager la Grèce et l'A-« sie; et, après plusieurs autres expéditions, « étant rentrée dans l'Océan, fit connaître qu'il « n'y avait nul lieu assuré contre leur témérité,

« dès que leurs navires pouvaient y aborder[18]. »

L'histoire de France, malgré sa stérilité sur ce point sous les deux premières races, nous fournit cependant deux ou trois faits à l'appui de l'existence, au moins momentanée, d'une marine royale. L'un est la victoire navale de Théodebert Ier sur Cochiliac, roi de Danemarck; l'autre, l'expédition maritime qui se fit par les Français sous le règne de Gontran, roi de Bourgogne et petit-fils du grand Clovis. Il est constant que Charlemagne fut très-puissant sur mer. Parmi les Capitulaires, on en voit quelques-uns qui regardaient cette partie, et les seigneurs avaient ordre, en certaines occasions, de servir en personne, comme dans les armées de terre. « On n'a point, dit le père « Daniel, d'autres détails, dans l'histoire, tou« chant cette police, ni de la manière dont les « vaisseaux étaient construits, ni de la disci« pline qui s'observait sur les flottes.

« Sous la troisième race, continue cet auteur, « depuis Hugues-Capet jusqu'à Philippe-Au« guste, il n'est point fait mention d'armées « françaises sur la mer; je dis d'armées royales, « composées de vaisseaux français, armés aux « dépens des Français, sous les ordres du Roi « de France, et pour son service. »

Louis VIII, dont le règne fut court, négligea la marine; mais elle reçut un nouvel élan sous Louis IX son fils, et se maintint brillante jusqu'à la prise du roi Jean. Charles V vint à bout de la rétablir par sa prudence, et Charles VI fut aussi redoutable sur mer qu'aucun de ses prédécesseurs.

Ces rois, et notamment les deux derniers, nous ont laissé des ordonnances pleines de sagesse, où l'on trouve le germe de la législation et de l'administration de la marine militaire, qui, sous ce double rapport, devait encore longtemps se confondre avec la marine consacrée au commerce. « Car, dit encore le père « Daniel, jusqu'à la fin du XVIe siècle, la plupart « des vaisseaux dont on composait les flottes « étaient ceux-là mêmes dont les marchands se « servaient pour leur commerce, et qui, chan- « geant d'objet, changeaient aussi de nom et « s'appelaient *vaisseaux de guerre.* »

Ainsi, dès le commencement du XIIIe siècle et dans le suivant, l'autorité royale protége la marine et le commerce, soit par des concessions avantageuses aux Français[19] et aux étrangers que l'on veut attirer en France pour raviver la marine[20], soit par des règlements de police sur la navigation, également fondés sur le droit des gens et la justice distributive [21]. Les gens de mer ont des priviléges [22], mais ils supportent des charges [23]; des fonds spéciaux sont accordés à la marine par des règlements généraux de finances [24] : on régularise les approvisionnements [25]; on assure le service des constructions par l'établissement du martelage [26]; on conserve les propriétés compromises dans les cas de bris et naufrage, et l'on récompense le sauvetage [27]; enfin les fonctions et les pouvoirs des principaux officiers de la marine sont déterminés [28], les abus réprimés, les droits fixés [29].

Sous Charles VII, Louis XI et Charles VIII, la France ne reste pas absolument sans marine; mais on voit qu'il y avait beaucoup de différence entre les armements qui se faisaient alors et ceux de Philippe-Auguste et de Charles VI.

Louis XII fit encore moins de dépenses que ses prédécesseurs pour ses flottes. La plus grande qu'il ait mise en mer, en 1510, n'était que de vingt-deux galères : cent cinquante navires ronds, c'est ainsi qu'on nommait les gros vaisseaux de ce temps-là, et soixante autres de moindre force, sont aussi la plus grosse flotte qu'ait eue François Ier, qui, en 1517, 1537 et 1543, reproduisit, en les modifiant, les dispositions contenues dans les lettres de Charles VI sur la compétence des amirautés en 1400.

Henri II entretint la marine comme il l'avait trouvée, dans un état médiocre : il fit cependant quelques constructions et quelques expéditions sur mer ; il donna, en 1554 et 1555, des lettres patentes pour confirmer les ordonnances précédentes [30] ; son exemple fut suivi, en 1562, 1568 et 1572, par Charles IX ; et par Henri III, en 1582, 1584 et 1586 [31].

Henri IV, à son avénement au trône, trouva la marine dans une décadence entière : tel avait été l'effet des guerres civiles dont l'Angleterre, gouvernée par Élisabeth, profitait depuis longtemps pour fonder à la mer cette puissance qui devait un jour n'avoir point d'exemple dans les fastes des nations : toutefois on peut croire, d'après quelques ordonnances de ce monarque, qu'il ne perdait pas la marine de vue [31 bis].

Le règne de Henri le Grand termine d'une manière remarquable ce que j'appellerai, avec le père Daniel, l'*ancienne* marine, bien différente de la marine *moderne*, telle que nous l'avons vue reparaître depuis deux siècles, se développer successivement et arriver au plus haut degré de perfection. Les lois qui constituent le régime naval, tant à bord des vaisseaux que dans les ports, devaient suivre la même progression. Les sciences, les arts et les lois se tiennent; on les voit partout naître, fleurir et tomber ensemble.

Le siècle de Louis XIII fut, pour cette seconde période, l'aurore de la marine française. Elle sort de sa longue enfance et prend un accroissement rapide, moins par le nombre, que par la force des vaisseaux et les progrès de la construction, de la manœuvre et de la navigation; les lois se perfectionnent et s'étendent. Les grands effets d'une attitude maritime pouvaient-ils échapper au génie de Richelieu? Il faut voir dans son Testament politique l'importance que ce grand homme attachait à la marine[32]. Revêtu, en 1626[33], de la charge de grand maître, chef et surintendant général de la navigation et du commerce de France, il obtint du roi la permission de faire construire des vaisseaux et fondre des canons destinés à les armer. Pour accoutumer les Français à la mer, il établit des compagnies de commerce, et autorisa des armements particuliers pour Terre-Neuve, le Canada, les Açores, les Canaries, le Sénégal, la Guyane, les îles de l'Inde et de l'Amérique[34]. On nettoie les ports, on en fortifie quelques-uns, on forme des magasins; défenses sont faites à tous pilotes, calfats, canonniers, charpentiers, matelots, pêcheurs, et à tous autres employés à la construction des navires, confection des cordages, etc., d'aller servir hors du royaume; on établit des écoles d'hydrographie; on fait plusieurs autres ordonnances et règlements aussi nouveaux jusqu'à ce jour; et, à la mort du cardinal, les Français allaient reprendre sur mer le rang auquel les appelle de tout temps leur position géographique. Mais, sous la minorité de Louis XIV, les guerres civiles entraînent encore la décadence de la marine, de cette marine qui fut toujours en France le signe non équivoque du bon ou du mauvais état des affaires publiques.

Cependant l'impulsion avait été donnée, et, du moment où Louis voulut gouverner par lui-même, la marine prit l'essor commun à toutes ses conceptions royales. Depuis l'année 1647 jusqu'en 1676, on vit successivement paraître plus de cent cinquante édits, déclarations, règlements, ordonnances *sur la marine royale; sur le rang, les fonctions et les appointements des officiers; sur l'enrôlement des matelots, la forma-*

tion des équipages; sur les appointements, solde et table; sur les constructions et l'artillerie, les armements et équipements de vaisseaux; sur le service à la mer, la conservation et la police des arsenaux, la justice de guerre de marine; sur les vivres et hôpitaux, sur la garde-côte[35].

Ce fut sous ce régime naval que la marine française atteignit son apogée de gloire; et c'est ainsi que, pendant trente ans, se préparèrent les matériaux de l'immortelle ordonnance de 1689, comme une foule d'ordonnances partielles avaient précédé celle également admirable de 1681 pour la marine marchande. Cette dernière, après cent cinquante années, forme aujourd'hui toute la partie du Code de commerce qui concerne les affaires maritimes; et toutes les ordonnances qui ont suivi celle de 1689, sur la marine royale, en ont reproduit les dispositions essentielles. De ces deux ordonnances générales, la plus ancienne a eu trois commentateurs : Merville, Valin, et un avocat de Marseille dont le nom est incertain[36]. Valin est le plus estimé et le seul suivi. La seconde n'a eu d'autre commentaire que celui de Richebourg[37]; il consiste dans la citation et le rapprochement des dates des ordonnances antérieures qu'on a fondues et quelquefois même insérées en entier dans cette ordonnance générale, qui a régi la marine pendant soixante-seize ans.

En 1765, Louis XV considéra *qu'il était convenable d'en changer plusieurs dispositions, et d'en ajouter de nouvelles, pour établir d'une manière certaine ce qu'une plus longue expérience avait démontré nécessaire pour l'avantage du service*[38].

Deux autres ordonnances générales, qui parurent, l'une en 1772, et l'autre en 1774[39], furent bientôt remplacées par celle de 1776[40], remise en vigueur en 1814 dans l'administration des ports. On pourra juger de la différence qui existe entre cette ordonnance et les précédentes, par son préambule.

Le service des classes ou de l'inscription maritime reçut une organisation spéciale par l'ordonnance du 31 octobre 1784[41], et celui des vaisseaux par les ordonnances et règlements du 1er janvier 1786, qui, depuis lors, et nonobstant tous les événements politiques, ont été suivis dans la marine jusqu'en 1827, époque à laquelle on lui a substitué celle du 31 octobre sur le service à bord des bâtiments de l'État[42].

On vit donc sept ordonnances organiques

se succéder dans l'espace d'un siècle, de 1689 à 1789, première année de la révolution qui devait tout changer, et notamment les institutions navales. Depuis le 8 juin 1789, il existe un recueil consacré à la marine [43], et qui renferme les lois et actes de l'autorité publique sur toutes les parties de ce service sous les différents régimes auxquels la France a été soumise. Il ne peut entrer dans mon plan de rapprocher et de comparer ces dernières lois générales ou organiques, aussi dissemblables que les époques auxquelles elles appartiennent. Cependant telle est la nature des choses, que journellement on a recours à des dispositions non abrogées de ces diverses époques; ce qui suffirait pour prouver l'importance attachée à la conservation et à la continuation du *Recueil*.

Tels sont les aperçus généraux sur l'origine et les progrès successifs de la législation maritime ancienne et moderne. Plus tard j'essayerai quelques recherches semblables sur les lois navales des différentes puissances de l'Europe. Peu riche de mon propre fonds, je connais du moins les bonnes sources, et je ne m'appuie jamais que sur des autorités irrécusables. Mon but sera doublement atteint, d'un côté, si je parviens à mettre et à entretenir sur la voie cette brave et studieuse jeunesse qui, dans les différentes branches de service, se destine au métier de la mer; de l'autre, à faire goûter aux gens du monde ces sortes de matières, et à procurer d'utiles aperçus à ceux mêmes auxquels elles sont familières.

NOTES.

[1] Ameilhon, *Histoire du commerce et de la navigation des Egyptiens, sous le règne de Ptolémée,* avec cette épigraphe : *Tentamusque viam et velorum pandimus alas;* 1 vol. in-8°, Paris, 1766.

[2] Diodore de Sicile, liv. Ier, section II. « Une preuve, dit M. Ameilhon, « qu'il y eut une marine réglée et soutenue en Égypte, c'est que les « matelots et gens de mer y étaient en assez grand nombre pour former « une des sept classes qui entraient dans la division des ordres de « l'État; » et l'auteur, à l'appui de son assertion, cite Hérodote, livre II, page 155.

[3] Diodore de Sicile, livre II.

[4] Thucydide, livre Ier.
Chronique d'Eusèbe.

Sénèque le Tragique, *in Hippolyto*, act. Ier.

> *O magna vasti Creta dominatrix freti,*
> *Cujus per omne littus immensæ rates*
> *Tenuere pontum, etc.*

[5] *Esprit des lois*, livre XXII, chap. XVII ; livre XXVI, chap. XXV.

[6] *Voyage du jeune Anacharsis en Grèce*, tome VI, page 211.

[7] A la fin du *Jus Græco-romanum* de Leunclavius, édit. de Pierre Fischer, 1594. On les trouve aussi, en latin et en français, dans l'*Hydrographie* du père Fournier, livre V, chap. IV, fol. 180.

[8] *Répertoire de l'administrateur de marine*, ou *Tables, par ordre de dates et de matières, des principales lois relatives à la marine et aux colonies, depuis leur origine jusqu'à ce jour* (1814), avec cette épigraphe, *Leges anchoræ sunt Reipublicæ* [les lois sont les ancres du vaisseau de l'État].

Forcé par les circonstances de publier, en 1814, ce recueil plus tôt que je ne me le proposais, je n'ai donné qu'une ébauche de répertoire; mais, cependant, il offre le plan et les bases d'un ouvrage qui serait de la plus grande utilité dans l'administration. J'ai dessein d'y revenir un jour, si je ne suis pas prévenu par des mains plus habiles.

[9] La marine, il faut le dire, n'a pas toujours été en France un objet inaperçu ou repoussé dans les combinaisons politiques. A certaines époques, le public eut le sentiment acquis ou suggéré de sa haute importance. Les corps savants, qui furent toujours les interprètes et quelquefois même les oracles de l'intérêt national, éveillèrent, par intervalle notre attention sur ce double mobile de puissance et de fortune. En 1761, l'Académie française propose l'Éloge de Duguay-Trouin, et Thomas saisit cette occasion de proclamer cette vérité de tous les siècles, si heureusement exprimée dans le vers de Lemière :

Le trident de Neptune est le sceptre du monde.

En 1773, dans l'éloge de Colbert, sujet du prix proposé par la même Académie, Necker, qui préludait à son administration par ses écrits, nous montre la marine comme devant et pouvant seule protéger et défendre le commerce et les colonies. Enfin, et pour ne pas multiplier les citations, en 1784, l'Académie des inscriptions et belles-lettres pose sur la marine la plus belle et la plus intéressante question de législation et d'histoire ancienne qu'on eût encore examinée. Un jeune magistrat, qui promettait dès lors d'être tout ce qu'il s'est montré depuis, s'en empare et la traite sous ses différents points de vue avec la sagacité et l'étendue de connaissances réclamées par le sujet. Cet excellent mémoire a été publié sous le titre suivant : *Dissertation* qui a remporté le prix de l'Académie royale des inscriptions et belles-lettres, à Pâques 1784, par M. Pastoret, conseiller de la cour des aides, membre de plusieurs académies, sur cette question : *Quelle a été l'influence des lois maritimes des Rhodiens sur la marine des Grecs et des Romains, et l'influence de la marine sur la puissance de ces deux peuples !*

Nous nous proposons d'insérer quelque jour ce mémoire dans la 2e partie des *Annales maritimes*; car M. le marquis Pastoret, aujourd'hui pair de France et membre de l'Académie des inscriptions et belles-lettres, a bien voulu nous permettre de profiter de ses travaux sur la partie qui nous occupe, avec cette grâce qu'on lui connaît, et qui semble ajouter encore à l'éclat de son rang élevé dans l'État, dans les sciences et dans la littérature.

[10] *Ego quidem mundi dominus*, disait l'empereur Antonin à quelqu'un qui lui demandait justice de violences éprouvées à la mer, *lex autem*

maris; lege id rhodiâ quæ de rebus nauticis præscripta est, judicetur quatenùs ei nulla nostrarum legum adversatur. Hoc idem divus Augustus quoque judicavit. (*Digestorum*, lib. XIV, tit. III, lege 9.)

[11] Le Digeste fut, ainsi que les Institutes, publié par Justinien l'an de J.-C. 533. Le code du même empereur fut publié en 534. *Novellæ constitutiones,* ou nouvelles constitutions, en 568. Presque toutes les lois maritimes contenues dans le Digeste et le code de Justinien existaient dans le code Théodosien, publié l'an 438.

On a formé du tout un corps de lois, compris sous le nom de *Corpus juris civilis,* avec des notes.

[12] Page 20.

[13] Tous les livres carthaginois, au rapport de Pline l'Ancien, ont été détruits ou dispersés dans l'Afrique, excepté dix-huit volumes de Magon sur l'agriculture, que les Romains ont fait traduire.

[14] Les lois amalfitaines, publiées en 954.

[15] Les lois du consulat de la mer, *il Consolato del mare,* en 1075; et dont il existe plusieurs éditions faites à Venise, en 1576, 1639, 1737; deux éditions espagnoles, en 1502 et 1592; deux en français, assez peu estimées : l'une en 1577, à Marseille, et l'autre à Aix, en 1685. L'auteur du *Traité des assurances,* M. Emerigon, travaillait, en 1760, à une nouvelle traduction : on ignore s'il l'a terminée. Aujourd'hui même sa publication serait accueillie avec un grand intérêt.

[16] Les Jugements d'Oléron, mis au jour en 1266, se trouvent dans les *Us et Coutumes de la mer,* édition de 1671, page 7.

Les ordonnances de Wisbuy, en 1288 ou 1300, dans le même ouvrage, page 130.

[17] *Us et Coutumes de la mer,* par Cleirac, 1647, 1661 et 1771, un vol. in-4°; c'est le plus ancien auteur qui ait écrit sur la législation maritime moderne. Outre les Jugements d'Oléron et les ordonnances de Wisbuy, on y trouve celles de la Hanse teutonique, Lubeck, 1591; la Juridiction maritime vers 1600, le Guidon de la mer en 1630, les Assurances d'Amsterdam, etc.

[18] *Histoire de la milice française sur mer,* par le père Daniel, pages 440 et suivantes.

[19] *Lettres patentes de Philippe-Auguste,* de l'an 1207, données à Pacy, l'an 28 de son règne, sur les priviléges accordés à la ville de Rouen,

confirmées en 1350 par le roi Jean. (*Ordonnances des rois de France*, tome II, page 411. Une copie de ces lettres patentes se trouve dans une collection d'ordonnances déposée au ministère de la marine, bureau des lois*.)

[20] Dans les priviléges accordés en 1364, par Charles V, aux marchands castillans trafiquant dans le royaume, il est dit, au paragr. 19, que les officiers de marine du royaume n'auront aucune autorité sur les Castillans, et ne pourront, sous aucun prétexte, prendre leurs vaisseaux ou leurs effets, même quand on assemblerait une flotte. Ces priviléges ont été confirmés par Charles VI, en 1391 et 1397.

On y parle en outre d'un vaisseau nommé *le Saint-Nicolas*, d'une galère portant pavillon royal, de maîtres de vaisseau, enfin de feux à entretenir pendant la nuit au cap de Caux, pour protéger la navigation. (*Ordonnances des rois de France*, tome IV, page 421.)

Mêmes priviléges accordés par Philippe III dit le Hardi, en 1366, aux Italiens commerçant dans la ville de Nîmes. (*Ordonnances des rois de France*, tome IV, page 669.)

[21] Lettres du 15 décembre 1315, par lesquelles Louis X dit le Hutin approuve une constitution de l'empereur Frédéric. L'article 9 est ainsi conçu :

Navigia, undecumque locorum proveniant, si, aliquo casu contingente, rupta fuerint, vel aliàs ad terram veniant, tam navigia quam naviguntium bona illis integre reserventur ad quos spectabant antequam navigium illud periculum incurrisset, sublatâ penitùs consuetudine locorum quæ huic adversatur ordinationi, nisi talia sint navigia quæ piraticam exerceant, aut sint nobis vel christiano nomini inimica. Transgressores autem hujus nostræ constitutionis bonorum publicatione mulctentur, et, si res exegerit, juxta mandatum nostrum modis aliis compescantur. (*Ordonnances des rois de France*, tome Ier, page 611.)

[22] Lettres de Philippe de Valois, du mois de février 1340, concernant les droits du connestable de France, dans le temps de la guerre, sur les gens d'armes. « Exceptés les soudoyers de la mer, esquiex « nostre dit cousin (le connétable) n'a nul droit. » (*Ordonnances des rois de France*, tome II, page 157.)

[23] Ordonnance de Philippe VI dit de Valois, du 2 octobre 1345, par laquelle le roi veut que les officiers qu'il y nomme soient, à compter du 1er octobre, un an sans prendre de gages. « Comme pour cause des guerres que nous avons eu par lonc temps et avons à pré-

* Aujourd'hui à la bibliothèque du ministère.

senl en mer et en terre contre plusieurs, etc. » (*Ordonnances des rois de France*, tome II, page 235.)

Lettres de Charles VI, du 23 octobre 1399, qui portent que les habitants des villes situées sur les bords de la mer, à six lieues près, seront contraints à y faire le guet. (*Ordonnances des rois de France*, tome VIII, page 356.)

[24] Un règlement pour les finances en général, du 13 novembre 1372, sous Charles V, destine des fonds spéciaux pour les armées navales. « Pour ce que le payement des gens d'armes et arbalêtriers ordenné à « présent par le Roy ne monte que XLII^{m} frans ou environ, les VIII^{m} frans « qui demourront seront baillés à Berthélémi Spifame en garde, pour « les rendre lè où besoing sera pour le fait de la mer. » (*Ordonnances des rois de France*, tome V, page 541, article 19.)

[25] Vers le commencement du règne de Charles VI, en juillet 1387, on imposa des taxes sur les juifs pour l'entretien des armées de mer. (*Ordonnances des rois de France*, tome VII, page 169.)

Lettres de Charles V, du 27 février 1371, qui portent qu'on ne prendra point les blés appartenant aux écoliers de l'université de Paris pour la provision des vaisseaux. (*Ordonnances des rois de France*, tome V, page 455.)

[26] Règlement pour la coupe des bois de la forêt de Rommare, destinés pour la construction des vaisseaux du Roi et pour ses bâtiments, rendu par Charles V, le 3 septembre 1376. (*Ordonnances des rois de France*, tome VI, page 219.)

Dispositions spéciales pour le même objet dans un règlement général pour les eaux et forêts, du mois de juillet suivant. (*Ordonnances des rois de France*, page 233.)

Et un autre règlement semblable de Charles VI, septembre 1402. (*Ordonnances des rois de France*, tome VIII, page 521.)

[27] Ceux qui trouveront sur les bords de la mer des débris de vaisseaux qui auront fait naufrage les mettront en sûreté pour les rendre à ceux à qui ils appartiennent, s'ils sont présens, et, s'ils sont absens, à quelques marchands de leur nation, en recevant un salaire convenable pour leur peine. (Extrait des priviléges accordés en novembre 1369, par Charles V, aux marchands de la ville de Plaisance en Lombardie, qui viendront trafiquer à Harfleur.) (*Ordonnances des rois de France*, tome V, page 241.) On a déjà vu la note 21.

[28] L'appel des sentences de l'admiral de mer en Normandie, de ses lieutenants ou députés, sera porté devant l'échiquier. Ils ne pourront

juger que des choses dont la connaissance leur appartient, et ils ne pourront faire ajourner aucune personne que dans la châtellenie dont il est. Lorsqu'il y aura conflit de juridiction entre les baillis, vicomtes, prévosts et l'admiral, il sera jugé par l'échiquier. Ordonnance du roi Jean, contenant plusieurs règlements en faveur des seigneurs et des habitants de Normandie, à cause d'une imposition accordée au Roi, 5 avril 1340. (*Ordonnances des rois de France*, tome II, page 408.)

Nous avons ordonné et ordonnons en cette manière, que nulz, soient de nostre lignage ou autres, soient nostre lieutenant ou connestable, mareschaux ou admiraux, maistres de nos comptes, de nostre hostel, des requestes d'iceluy ou de quelsconques de nos estats, ou officiers, princes, barons, ne chevaliers, fassent aucunes prinses, en nostre royaume, des choses dessus dites. Ordonnances des 25 février 1318 et 15 février 1345; la première, de Philippe V dit le Long; la seconde, de Philippe VI dit de Valois, touchant la gabelle du sel, les emprunts, les sergents, les prises, etc. (*Ordonnances des rois de France*, tome Ier, page 680, et tome II, page 240.)

Les admiraux ont une juridiction particulière. On ne fera plus de prises pour eux. Chacun pourra aller en parti contre les ennemis ou aller piller leurs terres, sans que les admiraux puissent demander une partie du butin qui aura été fait dans ces expéditions, à moins qu'eux et leurs gens n'y ayent assisté, sauf toutefois le droit de l'admiral sur le droit de la mer. Ordonnance rendue sous la régence de Charles V, en 1355. (*Ordonnances des rois de France*, tome III.)

[29] Charles VI ayant été informé, par les plaintes des marchands tant de son royaume que de ses alliés, qu'il se faisait sur mer un grand nombre de meurtres, pilleries et autres maléfices, et quelquefois même par les lieutenants de l'amiral, à l'effet d'augmenter le dixième qui lui appartient dans les prises faites sur les ennemis, et voulant réprimer ces abus, fit, par ses lettres du 7 décembre 1400, un règlement en 28 articles, sur l'amirauté et sur les devoirs, le dixième et les autres droits de l'amiral. (*Ordonnances des rois de France*, tome VIII, page 640.)

[30] Et notamment des statuts, règlements et priviléges des maîtres calfats de la ville de Marseille, du mois de mai 1489, sous Charles VIII. Cette pièce existe au dépôt de la marine, à Versailles*, et est écrite partie en latin, partie en provençal.

On trouve dans l'*Hydrog.* du père Fournier, livre VII, des fragments d'une ordonnance rendue par Henri II, le 15 mars 1548, et contenant

* Aujourd'hui à Paris.

les ordres et règlements qui doivent être gardés dans les vaisseaux français, et d'autres pour les galères. (*Hydrog.*, pages 411 et 414.)

[31] Voyez, pour les citations de dates qui concernent le XVIe siècle, la troisième partie des Us et Coutumes de la mer, intitulée *Jurisdiction de la marine*, et le *Recueil des pièces concernant la compétence de l'amirauté de France*, par Poncet, 1 volume in-8°; Paris, 1759.

Voyez aussi les *Édits et Ordonnances des rois de France*, recueillis par Fontanon. On trouve, à la page 666 du tome IV, une ordonnance de Henri III, du 15 septembre 1575, qui crée l'office de commissaire général de la marine du Levant.

[31 bis] Une ordonnance de 1605, déposée aux archives de la marine, à Versailles, porte que les vice-amiraux, capitaines, commissaires, pilotes, canonniers, écrivains, charpentiers, et autres officiers de marine du Ponant, jouiront des mêmes priviléges, exemptions, etc., dont jouissent les officiers de Sa Majesté.

Un arrêt du Conseil d'État du Roi, du 19 janvier 1608, porte que les trésoriers de la marine seront tenus de présenter, tous les trois mois, leur état de situation au commissaire de la marine. (Fontanon, tome IV, page 66, et à la page 670, *une ordonnance de 1609 sur le fait des galères*.)

[32] *Testament politique du cardinal de Richelieu*, IIe partie, chapitre IX, section 5, *de la puissance de la mer*.

[33] Lorsque le duc de Montmorency, amiral de France, remit, après une victoire navale, cette charge entre les mains du Roi.

[34] Voyez, dans Cleirac, pages 308 et suivantes, les règlements faits par le cardinal de Richelieu pour les navires qui feront voyage en la Terre-Neuve, Canada, les Açores, Madère, Canaries, Espagne, Détroit, jusqu'à la Guyane, etc.

[35] Tels sont les principaux titres sous lesquels ces ordonnances ont été recueillies et mises en ordre en 1 volume in-4°, imprimé à l'Imprimerie royale et publié, en 1677, par Sébastien Mabre-Cramoisy, directeur de ladite imprimerie. Ce recueil est devenu très-rare.

[36] *Ordonnance de Louis XIV, donnée à Fontainebleau, au mois d'août 1681, touchant la marine.* Il en existe des éditions de tous les formats, moins l'in-folio, et toutes imprimées avec une correction remarquable. Valin, avocat et procureur du Roi au siége de l'amirauté de la Rochelle, en a donné, vers le milieu du siècle dernier, un commentaire fort estimé, et dont on s'aide beaucoup dans les affaires administratives

et judiciaires qui concernent la marine. La préface est d'un homme qui avait longtemps médité son sujet, et elle donne sur les lois maritimes des notions aussi justes qu'étendues. Dans les 2 volumes in-4° qui composent ce commentaire, on trouve beaucoup d'ordonnances rendues depuis 1681 jusqu'en 1760, époque de la première édition, qui a été suivie de trois autres en 1766, 1770 et 1776.

Les deux autres commentateurs de l'ordonnance de 1681 sont Merville ou Marville, 1 vol. in-4° et in-8°, 1714 et 1715, réimprimé en 1737, 1749, 1756; et un avocat de Marseille, que l'on croit être M. Jusseau; 2 vol. in-8°, 1780.

En 1809, M. Sanfourche-Laporte a donné un ouvrage de jurisprudence maritime, intitulé *le Nouveau Valin*, 1 vol. in-4°.

[37] *Ordonnance du Roi, donnée à Versailles, le 15 avril 1689, pour les armées navales et arsenaux de la marine.* Les meilleures éditions sont celles in-4° de l'année même de l'ordonnance. On y a mis une table des matières qui facilite les recherches, et qui manque aux autres éditions.

Quant au commentaire ou plutôt aux annotations de Richebourg, on les trouve à la fin du troisième volume de l'Histoire générale de la marine, en 3 vol. in-4°, qui ont paru successivement dans les années 1754, 1756 et 1758. Richebourg n'est que le continuateur de Boismêlé, premier auteur de l'ouvrage.

[38] *Ordonnance du Roi concernant la marine, du 25 mars 1765*, éditions in-8° et in-4°. Dans l'une on trouve des analyses en marge de chaque article; dans l'autre, une table de matières à la fin du volume; ce qui est préférable. Le même volume renferme ordinairement les ordonnances séparées, mais de même date, concernant les officiers d'administration de la marine et les ingénieurs constructeurs.

[39] Les ordonnances de 1772 et de 1774 n'ont qu'un seul format, l'in-4°, et sont peu étendues, parce qu'elles renvoient aux ordonnances précédentes.

[40] *Ordonnance du Roi concernant la régie et administration générale des ports et arsenaux de marine, du 27 septembre 1776*, suivie des ordonnances supplémentaires de même date. Cette ordonnance, qui était d'une excessive rareté, a été réimprimée en 1814 par M. Firmin Didot avec tout le soin désirable. On y a joint un règlement dont on ne connaissait plus que deux exemplaires à Paris : c'est celui qui détermine le service des troupes d'infanterie à bord et ce qui doit se pratiquer à l'égard des troupes passagères pour les colonies, ou employées à la garde des ports. J'en ai suivi l'impression.

[41] Elle est imprimée in-4° et in-12, très-correcte. Elle se trouve presque toujours annexée aux ordonnances de 1786.

[42] Tout le monde sait que l'on comprend sous le titre d'*ordonnances de 1786* treize ordonnances et onze règlements de cette date, qui ont pour objet le service à bord des vaisseaux, soit qu'ils naviguent ensemble ou séparément. En 1817, le ministre a ordonné la réimpression de six de ces règlements, pour être répartis dans les ports. Je les ai reproduits également dans la première partie des *Annales maritimes*. Il existe des éditions in-12 de l'ordonnance de 1786, mais défectueuses et mal imprimées.

[43] *Recueil des lois relatives à la marine et aux colonies*, depuis le 1er juin 1789 jusqu'au 1er janvier 1809, composé de dix-huit volumes in-8°. C'est ce recueil qui, après une interruption de sept années, a été repris au 1er janvier 1816, et est continué dans la première partie des *Annales maritimes et coloniales* *.

Il existe encore sept recueils spéciaux de lois, d'ordonnances, de règlements et d'arrêtés pour quatre parties différentes du service de la marine :

1° Recueil de lois, arrêtés et instructions concernant l'inscription maritime, 3 petits volumes in-18, imprimés à l'imprimerie de la République, dans les années VIII, IX et X, par ordre du ministre de la marine.

2° Sous le titre de *Code pénal maritime*, un recueil concernant les peines à infliger pour délits à bord des vaisseaux et dans les ports et arsenaux ; 1 volume in-12, imprimé chez Guillemet, an X ou 1801 ; éditeur le citoyen Lebeau, chargé du détail du bureau des lois au ministère de la marine.

3° Recueil de lois pénales concernant la marine ; 1 volume in-4°, imprimé à Brest en l'an XII.

4° Recueil de lois, ordonnances, arrêtés, règlements, etc., sur le service des commandants en second, à bord des bâtiments de Sa Majesté. Ce recueil, encore manuscrit, est le résultat de tous les

* J'ai, dans l'année même 1818, comblé cette lacune de sept ans, en publiant deux volumes in-8°, sous le titre *Introduction aux Annales maritimes*. Ils renferment les lois, décrets, ordonnances, décisions, règlements rendus sur la marine et les colonies, pendant les annés 1809, 1810, 1811, 1812, 1813, 1814 et 1815.

documents demandés à l'administration des ports en l'an XII. Ils ou tous été complétement réunis dans un travail inédit de M. de Montcabrié, capitaine de vaisseau.

5° Recueil de lois, ordonnances, arrêtés, règlements et décisions ministérielles, en ce qui concerne le service des agents comptables embarqués sur les vaisseaux et autres bâtiments de l'Empereur. 1 volume in-4°, imprimé à l'imprimerie impériale par ordre du ministre, Paris, 1809.

Ce recueil a été remplacé par le suivant.

6° Service de l'administration des vaisseaux de la marine royale, ou recueil de lois, ordonnances et instructions qui régissent les différentes parties de la comptabilité, et qui règlent l'exercice de la justice à bord des bâtiments de l'État, par un administrateur en chef de la marine*, publié par ordre du ministre de la marine. Paris. Imprimerie royale, 1840, 1 volume in-4°.

7° Règlement pour servir à l'exécution, en ce qui concerne le département de la marine et des colonies, de l'ordonnance royale du 31 mai 1838, sur la comptabilité publique, et nomenclature des pièces à produire aux payeurs**. Paris, imprimerie royale, 1 volume in-folio, 1840.

* M. Sanson, commissaire général de la marine, à Toulon.

** M. Lacoudrais, maître des requêtes au conseil d'État, directeur de la comptabilité des fonds et invalides de la marine, représentait le département de la marine dans la commission qui a élaboré ce règlement.

SOMMAIRE

DES LOIS, DÉCRETS, ORDONNANCES ROYALES, RÈGLEMENTS, DÉCISIONS ET ARRÊTÉS MINISTÉRIELS

QUI RÉGISSENT LES DIFFÉRENTS SERVICES DE LA MARINE, DEPUIS 1790,

AVEC L'INDICATION DES RECUEILS OFFICIELS QUI LES RENFERMENT *IN EXTENSO*.

---

22 août 1790. — DÉCRET concernant les peines à infliger pour les délits commis à bord des vaisseaux, et dans les arsenaux.

Recueil des lois de la marine, tome Ier, pages 116 et 122.
(Voir le décret du 22 juillet 1806.)

19 pluviôse an III (7 février 1795). — DÉCRET relatif aux oppositions sur les appointements des officiers.

Recueil des lois de la marine, tome V, page 178.

10 vendémiaire an IV (2 octobre 1795). — DÉCRET sur l'organisation des ministères, qui place, dans les attributions du ministère de la marine et des colonies, la correspondance avec les consuls, pour tout ce qui est relatif à l'administration de la marine et des colonies.

Recueil des lois de la marine, tome VI, page 5.

3 brumaire an IV (25 octobre 1795). — LOI concernant l'inscription maritime.
Recueil des lois de la marine, tome VI, page 49.

21 ventôse an IV (11 mars 1796). — ARRÊTÉ contenant règlement pour l'exécution de la loi du 3 brumaire an IV.
Recueil des lois de la marine, tome VI, pages 268 et 273.

29 pluviôse an IX (18 février 1801). — ARRÊTÉ déterminant le mode de payement des frais de conduite et vacations.

Recueil des lois de la marine, tome XI, page 316.
(Pour les officiers qui se rendent en Angleterre, par ordre, voir la décision royale du 25 juin 1829, et pour le nouveau grade de capitaine de corvette, l'ordonnance du 11 juin 1831.)

25 brumaire an XI (16 novembre 1802). — ARRÊTÉ portant augmentation de traitement de table aux officiers embarqués sur les bâtiments de l'État, destinés pour les colonies.
Recueil des lois de la marine, tome XIII, page 75.

7 ventôse an XI (26 février 1803). — ARRÊTÉ relatif à l'enregistrement et à la levée des ouvriers.
Recueil des lois de la marine, tome XIII, page 216.

21 prairial an XI (10 juin 1803). — ARRÊTÉ fixant le traitement de table accordé aux officiers embarqués.

Recueil des lois de la marine, tome XIII, pages 422 et 423.
NOTA. Le traitement de table des officiers composant l'état-major a été définitivement fixé à 2 fr. 25 c. par jour, y compris l'indemnité pour ustensiles.
(Voir les ordonnances des 11 juin 1831, 15 mai 1834 et 30 décembre 1836.

16 brumaire an XII (8 novembre 1803). — ARRÊTÉ qui accorde aux officiers remplissant les fonctions de chef d'état-major d'une armée navale, et de capitaine de pavillon du général commandant en chef, un supplément égal aux deux tiers de leurs appointements; et la moitié en sus aux officiers attachés aux états-majors généraux.

Recueil des lois de la marine, tome XIV, page 57.
(Voir l'ordonnance du 19 décembre 1834.)

24 messidor an XII (13 juillet 1804).—DÉCRET relatif aux cérémonies publiques, préséances, honneurs civils, etc.

Le titre XXVI traite des honneurs funèbres.
Recueil des lois de la marine, tome XIV, page 268.

6 frimaire an XIII (27 novembre 1804).—DÉCRET relatif aux honneurs militaires dans les ports et arsenaux.

Recueil des lois de la marine, tome XV, page 21.

15 pluviôse an XIII (4 février 1805).—DÉCRET concernant la retenue à exercer sur la solde de terre et de mer des officiers et autres attachés au service de la marine pendant leur séjour à l'hôpital.

Recueil des lois de la marine, tome XV, page 56.

22 juillet 1806. — DÉCRET relatif à l'organisation des conseils de marine et à l'exercice de la justice, à bord des vaisseaux.

Recueil des lois de la marine, tome XVI, page 95.

12 novembre 1806. — DÉCRET portant création et organisation des tribunaux maritimes.

Recueil des lois de la marine, tome XVI, page 120.

12 décembre 1806. — DÉCRET concernant l'examen et l'admission des pilotes, leurs fonctions, etc.

Recueil des lois de la marine, tome XVI, page 317.

10 mars 1807. — DÉCRET sur les officiers de port du commerce.

Recueil des lois de la marine, tome XVII, page 4.

19 mars 1808. — DÉCRET qui fixe les professions d'ouvriers seules admises à faire partie de l'inscription maritime.

Recueil des lois de la marine, tome XVIII, page 37.

16 juin 1808. — DÉCRET concernant le mariage des militaires en activité de service.

Recueil des lois de la marine, tome XVIII, page 155.

6 juin 1814. — ORDONNANCE concernant l'organisation du dépôt des cartes et plans de la marine.

Annales maritimes, introduction, tome II, page 63.

16 décembre 1815. — RÈGLEMENT portant fixation du nombre, des grades, classes, appointements et frais de bureau des officiers militaires et civils employés dans les ports.

Annales maritimes de 1816, page 45.

26 mars 1816. — ORDONNANCE concernant l'ordre royal de la Légion d'honneur.

Annales maritimes de 1816, page 265.
(Voir les ordonnances des 18 octobre 1809 et 16 juin 1837.)

3 mars 1818. — TARIF des indemnités pour tenir lieu de frais de bureau aux officiers et agents de la marine embarqués.

Annales maritimes de 1818, page 129.

1er juin 1818. — ORDONNANCE qui détermine l'uniforme des officiers de l'administration de la marine et du contrôle.

Annales maritimes de 1818, page 241.

31 octobre 1819. — ORDONNANCE sur la composition, l'avancement, les appointements et l'uniforme du corps de la marine.

Annales maritimes de 1819, page 383.
NOTA. L'ordonnance du 4 août 1824 a modifié celle-ci. — Voir l'ordonnance du 28 mai 1829 sur les équipages de ligne, et celle du 1er mars 1831, qui a reproduit textuellement plusieurs des dispositions contenues dans l'ordonnance ci-dessus. — Voir l'ordonnance du 11 octobre 1836 et celle du 91 janvier 1839.

16 juin 1820. — RÈGLEMENT sur les agents de surveillance des chiourmes.

Annales maritimes de 1820, page 327.

29 octobre 1820. — ORDONNANCE portant règlement sur le service de la gendarmerie départementale.

Annales maritimes de 1820, page 493.
(Voir l'ordonnance du 19 juin 1832.)

7 août 1822. — ORDONNANCE portant formation d'un régiment d'artillerie et de deux régiments d'infanterie de marine.

Annales maritimes de 1822, page 603.

25 octobre 1822. — ORDONNANCE qui accorde au corps des officiers de vaisseau le titre de *Corps royal.*

Annales maritimes de 1822, page 600.

13 novembre 1822. — ORDONNANCE portant création d'un corps royal d'artillerie et d'un corps d'infanterie de marine.

Annales maritimes de 1822, page 606.
(Voir l'ordonnance du 14 septembre 1835.)

8 janvier 1823. — ORDONNANCE concernant les aumôniers de la marine.

Annales maritimes de 1823, page 278.

21 novembre 1823. — RÈGLEMENT sur la solde, la comptabilité et l'administration de la gendarmerie.

Annales maritimes de 1824, page 200.

28 avril 1824. — ORDONNANCE concernant le traitement de table des capitaines de vaisseau commandant une division navale.

4 août 1824. — ORDONNANCE portant création d'un conseil d'amirauté.

Annales maritimes de 1824, page 430.

6 octobre 1824. — DÉCISION ROYALE portant une nouvelle répartition de classes dans le corps des ingénieurs-hydrographes.

Annales maritimes de 1824, page 459.
(Voir l'ordonnance du 2 juin 1830.)

7 août 1825. — ORDONNANCE concernant les écoles d'hydrographie, et la réception des capitaines du commerce.

Annales maritimes de 1825, page 377.

7 août 1825. — RÈGLEMENT qui détermine le nombre et la répartition des écoles d'hydrographie.

Annales maritimes de 1825, page 387.

7 août 1825. — RÈGLEMENT sur l'uniforme des examinateurs de la marine et des professeurs des écoles d'hydrographie.

Annales maritimes de 1825, page 390.

7 août 1825. — ORDONNANCE ROYALE sur les écoles d'hydrographie et sur la réception des capitaines du commerce.

Annales maritimes de 1829, page 392.

27 décembre 1826. — ORDONNANCE portant rétablissement des *Préfectures maritimes.*

Annales maritimes de 1827, tome Ier, page 1re.
(Voir l'ordonnance du 17 décembre 1828.)

31 octobre 1827. — ORDONNANCE sur le service des officiers, des élèves et des maîtres, à bord des bâtiments de l'État.

Annales maritimes de 1827, tome II, page 1re.
(Circulaire du 6 septembre 1828, sur le logement des officiers à bord.)

18 novembre 1827. — ORDONNANCE portant établissement d'un conseil nautique dans chacun des ports chefs-lieux d'arrondissement maritime.

Annales maritimes de 1828, page 5.

27 décembre 1828. — ORDONNANCE sur le service des ports, rendue en exécution de celle du 27 décembre 1826.

Annales maritimes de 1829, page 1re.
Attributions du préfet maritime, du major-général, des directeurs, etc.

25 juin 1829. — DÉCISION ROYALE fixant l'indemnité à payer pour frais de route, de séjour et de dépenses de toute nature, aux officiers qui reçoivent l'ordre de se rendre en Angleterre pour le service.

Annales maritimes de 1837, page 1084.

18 octobre 1829. — ORDONNANCE qui réduit à *20 années* le temps de service exigé pour l'admission dans la Légion d'honneur.

Annales maritimes de 1829, page 1401.

15 décembre 1829. — ORDRE aux capitaines des bâtiments armés d'adresser au ministre un rapport sur la conduite et les talents de chaque officier de l'état-major de leurs bâtiments.

Annales maritimes de 1830, tome Ier, page 61.

1 mars 1830. — **Ordonnance** sur le traitement et le costume des commissaires-rapporteurs et greffiers des tribunaux maritimes.

Annales maritimes de 1830, tome Ier, page 190.

2 juin 1830. — **Ordonnance** accordant aux ingénieurs-hydrographes le titre de *Corps royal*, et réglant les conditions d'admission dans ce corps.

Annales maritimes de 1830, tome Ier, page 284.

13 août 1830. — **Ordonnance** portant création de trois places d'*Amiraux*.

Annales maritimes de 1830, tome II, page 136.

28 septembre 1830. — **Ordonnance** qui fixe le traitement des Amiraux.

Annales maritimes de 1830, tome II, page 697.

La dignité d'*amiral*, supprimée par Louis XIII en 1627, avait été rétablie par Louis XIV en 1669 (Colbert). Elle fut supprimée de nouveau par l'assemblée nationale en 1791. Cette dignité a été conférée au duc d'Angoulême en 1814.

1er novembre 1830. — **Ordonnance** portant création de *l'École navale*.

Annales maritimes de 1830, tome II, page 643.

(Voir l'ordonnance des 4 mai 1833, 17 mai 1834, et 5 octobre 18[illegible]

31 décembre 1830. — **Ordonnance** qui fixe les frais de représentation des préfets maritimes.

Annales maritimes de 1831, page 18.

Le traitement du préfet maritime de Rochefort a été réduit à 20,000 francs (1836).

Les professeurs de l'école navale sont exemptés de l'obligation de siéger comme *jurés*. (Dépêche du 23 avril 1835.)

19 février 1831. — **Ordonnance** portant formation d'un *conseil des travaux de la marine*.

Annales maritimes de 1831, page 151.

1er mars 1831. — **Ordonnance** sur les passages accordés aux frais de l'État.

Annales maritimes de 1831, pages 160 et 162.

18 avril 1831. — **Loi** sur les pensions de l'armée de mer.

Annales maritimes de 1831, page 318.

(Voir le règlement du 26 janvier 1832.)

3 mai 1831. — **Ordonnance** sur les élèves boursiers de la marine. (Collège de Lorient.)

Annales maritimes de 1831, page 336.

38 mai 1831. — **Ordonnance** portant création d'une compagnie d'ouvriers marins, pour le service des bâtiments à vapeur.

Annales maritimes de 1831, page 370.

11 juin 1831. — **Ordonnance** qui fixe le traitement de table, les vacations et les frais de route attribués aux capitaines de corvette, lieutenants de vaisseau et lieutenants de frégate.

Annales maritimes de 1831, page 384.

1er juillet 1831. — **Ordonnance** relative à la conservation et à l'armement des bâtiments de l'État.

Annales maritimes de 1831, page 403.

26 janvier 1832. — Règlement d'administration publique sur les justifications à faire, dans certains cas, pour établir les droits à la pension.

Annales maritimes de 1832, page 46.
(Voir la loi du 18 avril 1831.)

21 mars 1832. — Loi sur le recrutement de l'armée.

Annales maritimes de 1832, page 233.

14 et 20 avril 1832. — Lois sur l'avancement de l'armée de terre et de l'armée navale.

Annales maritimes de 1832, pages 269 et 274.
(Voir la loi du 14 mai 1837, modifiant celle du 20 avril.)

24 avril 1832. — Ordonnance rendue en exécution de la loi du 20 avril 1832, sur l'avancement.

Annales maritimes de 1832, page 299.

12 mai 1832. — Ordonnance concernant l'administration des services civils à Alger, et qui révoque celle du 1er décembre 1831.

Annales maritimes de 1832, page 348.
(Voir l'organisation du 10 août 1834.)

5 juin 1832. — Décision ministérielle portant que les officiers employés à Paris ne recevront, à l'avenir, que leurs appointements sans supplément.

Annales maritimes de 1837, page 1084.

9 juin 1832. — Ordonnance qui fait entrer dans les attributions du ministère de la marine les cinq compagnies de gendarmerie affectées au service des ports et arsenaux.

Annales maritimes de 1832, page 396.

31 août 1832. — Loi relative au serment des fonctionnaires publics, des officiers, etc.

Annales maritimes de 1832, page 563.

30 octobre 1832. — Ordonnance portant nouvelle organisation de l'école polytechnique.

Annales maritimes de 1832, page 644.

4 mai 1833. — Ordonnance qui apporte des améliorations à l'organisation de l'école navale.

Annales maritimes de 1834, page 282.

1er décembre 1833. — Règlement pour déterminer la position des officiers, fonctionnaires et passagers à bord des bâtiments de l'État.

Annales maritimes de 1834, page 77.

12 février 1834. — Ordonnance réglant le nombre, les classes, la solde et la répartition des maîtres entretenus des ports.

Annales maritimes de 1834, page 261.

15 mai 1834. — Ordonnance relative au supplément de traitement de table alloué aux états-majors des bâtiments employés au delà des tropiques. (Voir,

pour le traitement de table fixe, l'arrêté du 21 prairial an XI, modifié par l'ordonnance du 30 décembre 1836.)

Annales maritimes de 1834, page 423.

17 mai 1834. — ORDONNANCE portant établissement d'une commission supérieure pour le perfectionnement de l'école navale.

Annales maritimes de 1834, page 437.

19 mai 1834. — LOI sur l'état des officiers.

Annales maritimes de 1834, page 438.
(Voir la décision ministérielle du 7 août 1834 et l'ordonnance du 21 mai 1836.)

31 juillet 1834. — ORDONNANCE sur l'admission aux emplois d'écrivain et de commis entretenu, et au grade de sous-commissaire ou de sous-inspecteur de la marine.

Annales maritimes de 1834, page 602.

7 août 1834. — DÉCISION ministérielle portant que le traitement des officiers de la marine en non-activité sera basé sur la solde à la mer.

10 août 1834. — ORGANISATION du service maritime dans les possessions françaises au nord de l'Afrique.

Annales maritimes de 1834, page 596.
(Voir l'arrêté du 9 août 1839.)

28 août 1834. — RÈGLEMENT sur le mode d'examen et de concours, conformément à l'ordonnance du 31 juillet 1834.

Annales maritimes de 1834, page 639.

4 octobre 1834. — DÉCISION ROYALE portant que les premiers maîtres mécaniciens seront dispensés de l'obligation de servir sur les vaisseaux et frégates, pour être admis au grade de lieutenant de frégate.

Annales maritimes de 1834, page 706.

19 décembre 1834. — ORDONNANCE qui remet en vigueur les dispositions de l'arrêté du 16 brumaire an XII (4 novembre 1803), *relatives au traitement de table des capitaines de pavillon.*

Annales maritimes de 1834, page 760.

3 janvier 1835. — ORDONNANCE portant organisation du *corps du commissariat.*

Annales maritimes de 1834, page 93.
(Voir le règlement du 26 janvier 1834 et l'ordonnance du 11 octobre 1836.)

3 janvier 1835. — ORDONNANCE sur les attributions et le service du *commissariat.*

Annales maritimes de 1835, page 81.
(Voir l'ordonnance du 11 octobre 1836.)

26 janvier 1835. — RÈGLEMENT sur la répartition des commis principaux et ordinaires de la marine, entre le service des ports principaux et secondaires, et celui des quartiers de l'inscription maritimes.

Annales maritimes de 1835, page 216.

21 mars 1835. — DÉCISION ROYALE portant que les élèves de première classe provenant de l'école polytechnique concourront, pour l'avancement, *avec les élèves de première classe, sortis de l'école navale.*

Annales maritimes de 1837, page 1093.

19 mai 1835. — ORDONNANCE concernant le service des chiourmes.

Annales maritimes de 1835, page 369.
(Voir l'ordonnance du 11 octobre 1836.)

2 juillet 1835. — LOI relative à l'établissement des paquebots à vapeur de l'administration des postes.

Annales maritimes de 1835, page 599.

11 juillet 1835. — ORDONNANCE sur le nombre de parts de prises accordées aux capitaines de corvette.

Annales maritimes de 1835, page 591.

17 juillet 1835. — ORDONNANCE portant organisation du corps des officiers de santé de la marine.

Annales maritimes de 1835, page 634.
(Voir le règlement du 23 juillet 1836 et l'ordonnance du 29 avril 1837.)

14 septembre 1835. — ORDONNANCE portant organisation d'un régiment d'artillerie et de cinq compagnies d'ouvriers, et qui affecte un certain nombre d'officiers de ce corps au service des forges, fonderies et directions d'artillerie.

Annales maritimes de 1835, page 691.

14 septembre 1385. — RÈGLEMENT pour le service des bâtiments à vapeur entre Toulon et Alger.

Annales maritimes de 1835, page 799.

25 septembre 1835. — RÈGLEMENT sur le commissariat de la marine.

Annales maritimes de 1840, page 1299.

12 novembre 1835. — ORDONNANCE concernant le versement, dans la caisse des invalides, des sommes provenant des retenues à exercer en cas de congé.

Annales maritimes de 1835, page 942.

21 mai 1836. — ORDONNANCE portant règlement sur les conseils d'enquête institués par loi du 19 mai 1834, relative à l'état des officiers.

Annales maritimes de 1836, page 564.

23 juillet 1836. — RÈGLEMENT sur les frais de route.

Annales maritimes de 1840, page

23 juillet 1836. — RÈGLEMENT sur le mode d'admission, d'enseignement et de concours dans le service de santé.

Annales maritimes de 1836, page 768.

2 août 1836. — ARRÊTÉ qui règle les attributions du gouverneur général des possessions françaises dans le nord de l'Afrique.

Annales maritimes de 1836, page 925.

5 octobre 1836. — ORDONNANCE portant que le commandant de l'école navale ou tout autre officier supérieur, fera partie du jury d'admission.

Annales maritimes de 1836, page 1083.

11 octobre 1836. — ORDONNANCE sur les attributions et le service du commissariat.

Annales maritimes de 1836, page 1103.

11 octobre 1836. — ORDONNANCE sur l'organisation des équipages de ligne.

Annales maritimes de 1836, page 1249.

29 décembre 1836. — ORDONNANCE qui modifie celle du 1er mars 1831, sur la composition du corps royal de la marine.

Annales maritimes de 1836, page 1501.

Depuis 1814, la composition du corps des officiers de vaisseau a été déterminée par plusieurs ordonnances, et notamment par celles du 31 octobre 1819, du 14 décembre 1828, et du 1er mars 1831.

30 décembre 1836. — ORDONNANCE relative aux emplois à la mer, aux appointements et suppléments, et au traitement de table des officiers de vaisseau.

Annales maritimes de 1836, page 1503.

1er février 1837. — ORDONNANCE portant fixation des bâtiments de chaque rang ou espèce, qui composent les forces navales du royaume.

Annales maritimes de 1838, page 768.

23 février 1837. — CIRCULAIRE sur la manière dont on doit compter le service des officiers qui reviennent en France, comme passagers, par suite de maladies, d'ordre, etc.

Annales maritimes de 1836, page 5.

17 mars 1837. — RÈGLEMENT sur l'embarquement des officiers du corps royal de marine et des compagnies permanentes des équipages de ligne.

Annales maritimes de 1837, page 267.

27 mars 1831. — CIRCULAIRE. — Il est expressément défendu aux officiers des différents corps de la marine de se rendre à Paris sans l'autorisation du ministre.

Annales maritimes de 1837, page 1084.

29 avril 1837. — ORDONNANCE qui modifie le cadre des officiers de santé de la marine, déterminé par l'ordonnance du 17 juillet 1835.

Annales maritimes de 1837, page 407.

14 mai 1837. — LOI modifiant celle du 20 avril 1832 sur l'avancement.

Annales maritimes de 1837, page 407.

14 juin 1837. — ORDONNANCE portant création d'une école d'artillerie navale à Brest et à Toulon.

Annales maritimes de 1837, page 618.

14 juin 1837. — RÈGLEMENT sur le service et l'instruction des équipages de ligne dans les écoles d'artillerie navale.

Annales maritimes de 1837, page 627.

20 juillet 1837. — ORDONNANCE sur l'uniforme des officiers et élèves de la marine royale.

Annales maritimes de 1837, pages 611 et 617.

22 juillet 1837. — ORDONNANCE portant que celle du 9 janvier 1818, sur le prix des passages aux frais de l'État, à bord des bâtiments de commerce, est abrogée.

Annales maritimes de 1837, page 646.

18 novembre 1837. — ORDONNANCE concernant le jaugeage des navires.

Annales maritimes de 1837, page 1107.

20 décembre 1837. — ORDONNANCE portant règlement sur les frais de route des militaires isolés dans l'intérieur du royaume, ou en pays étranger, et sur les avances en argent, et les fournitures qui peuvent leur être faites. (*Applicable aux troupes de la marine.*)

Annales maritimes de 1838, page 462.

25 décembre 1837. — ORDONNANCE portant règlement sur le service de la solde et sur les revues. (*Armée de terre*).

(Voir la lettre du ministre de la marine, contenant des dispositions relatives à l'application, dans l'armée de mer, de l'ordonnance du 25 décembre 1837, sur la solde et les revues, et de celle du 16 mars 1838, sur l'avancement.)

Annales maritimes de 1838, page 629.

2 mars 1838. — ORDONNANCE portant organisation du corps royal du génie maritime.

Annales maritimes de 1838, page 285.

15 mars 1838. — ORDONNANCE portant règlement sur la solde, les suppléments et les délégations des gens de mer.

Annales maritimes de 1838, page 911.

16 mars 1838. — ORDONNANCE portant règlement, d'après la hiérarchie militaire, des grades et des fonctions, sur la progression de l'avancement, et la nomination aux emplois, en exécution de la loi du 14 avril 1832. (*Armée de terre.*)

(Voir la lettre du ministre de la marine, contenant des dispositions relatives à l'application, dans l'armée de mer, de l'ordonnance du 25 décembre 1837, sur la solde et les revues, et de celle du 16 mars 1838, sur l'avancement.)

Annales maritimes de 1838, page 629.

17 mars 1838. — RÈGLEMENT sur la formation, le service et l'habillement des compagnies d'ouvriers-pompiers, dans les cinq grands ports militaires du royaume.

Annales maritimes de 1838, page 430.

12 juillet 1838. — RÈGLEMENT qui institue un comité pour la direction du service des paquebots à vapeur des postes.

Annales maritimes de 1838, page

28 septembre 1838. — ORDONNANCE fixant le traitement et les frais de passage des officiers de toutes armes, et des fonctionnaires appartenant au service *Colonies.*

Annales maritimes de 1838, page 968.

20 novembre 1838. — ORDONNANCE qui crée un corps d'infanterie de marine, composé de trois régiments, destinés à assurer la garde des cinq grands ports militaires du royaume et des établissements français d'outre-mer.

Annales maritimes de 1838, page 1071.

20 décembre 1838. — ORDONNANCE portant règlement sur les emménagements des bâtiments de guerre.

Annales maritimes de 1839, page 1.

31 décembre 1838. — ORDONNANCE portant modification à l'organisation du corps du commissariat de la marine.

Annales maritimes de 1839, page 54.

18 janvier 1839. — ORDONNANCE relative aux justifications à faire dans le but d'assurer l'exercice du droit à pension, ouvert en faveur des femmes et des enfants des officiers et marins composant les équipages des bâtiments de la flotte, qui seraient réputés avoir sombré en mer.

Annales maritimes de 1839, page 65.

23 février 1839. — RÈGLEMENT DU ROI concernant l'administration et la police des équipages des paquebots-postes de la Méditerranée.

Annales maritimes de 1839, page 413.

17 avril 1839. — ORDONNANCE relative à la vérification des poids et mesures.

Annales maritimes de 1839, page 494.

21 avril 1839. — DÉCISION DU ROI qui complète le nombre des agents comptables employés dans les forges et fonderies de la marine.

Annales maritimes de 1839, page 452.

25 avril 1839. — RÈGLEMENT pour les examens d'admission à l'École navale.

Annales maritimes de 1839, page 692.

3 mai 1839. — ORDONNANCE relative aux ouvriers employés dans les arsenaux de la marine.

Annales maritimes de 1839, page 587.

1er juin 1839. — NOTES du ministre de la guerre qui recommande de comprendre à dater du 1er juin 1839, dans les états généraux de la marine, les journées de traitement dans les hôpitaux, des militaires des anciens régiments d'infanterie de marine.

Annales maritimes de 1839, page 532.

7 juin 1839. — DÉCISION du ministre de la guerre : Délai dans lequel les officiers ou employés militaires, voyageant *par urgence*, doivent arriver à destination pour avoir droit à la double indemnité de route.

Annales maritimes de 1839, page 584.

11 juin 1839. — ORDONNANCE concernant l'affranchissement des esclaves dans les colonies.

(Voir page 710 des *Annales maritimes* de 1839, les instructions sur l'exécution de cette ordonnance.)

Annales maritimes de 1839, page 560.

16 juin 1839. — ORDONNANCE relative aux poids, mesures et instruments de pesage et de mesurage.

Voir l'ordonnance du Roi du 17 avril 1839.

Annales maritimes de 1839, page 649.

4 août 1839. — LOI sur l'organisation de l'état-major général de l'armée de terre.

Annales maritimes de 1839, page 700.

8 août 1839. — Décision du ministre de la marine pour rendre applicable aux corps organisés de ce département l'ordonnance royale du 25 juillet 1839, qui élève, dans les troupes de l'armée de terre, la solde des lieutenants, sous-lieutenants, etc.

Annales maritimes de 1839, page 701.

12 août 1839. — Lettre du ministre de la marine, prescrivant l'embarquement des novices à bord des bâtiments de l'État.

Annales maritimes de 1839, page 731.

16 août 1839. — Ordonnance portant que les officiers, fonctionnaires et employés divers, appartenant au service des colonies, conserveront l'intégralité de leurs appointements, lorsqu'ils obtiendront des congés de convalescence.

Annales maritimes de 1839, page 751.

16 août 1839. — Ordonnance contenant des dispositions relatives au concours des candidats au grade de commis principal de la marine.

Instructions ministérielles données en exécution de cette ordonnance. (*Annales maritimes* de 1839, page 866.)

Annales maritimes de 1839, page 755.

8 août 1839. — Ordonnance relative au jaugeage des bâtiments à vapeur.

Annales maritimes de 1839, page 817.

21 août 1839. — Ordonnance portant augmentation du nombre des capitaines de corvette, et des lieutenants et enseignes de vaisseau.

Annales maritimes de 1839, page 736.

21 août 1839. — Ordonnance relative à l'importation des sucres.

Annales maritimes de 1839, page 828.

9 septembre 1839. — Ordonnance qui détermine l'artillerie des bricks-avisos.

Annales maritimes de 1839, page 881.

26 septembre 1839. — Ordonnance portant création d'une classe de volontaires de la marine.

(Voir les instructions sur cette ordonnance, page 937 des *Annales maritimes* de 1839.)

Annales maritimes de 1839, page 871.

26 septembre 1839. — Ordonnance qui rend applicables, au *service colonial*, les dispositions de l'ordonnance du 31 décembre 1838, sur le commissariat et la marine.

Annales maritimes de 1839, page 114.

30 avril 1840. — Ordonnance qui accorde un supplément de solde annuel de 500 francs aux 40 premiers chirurgiens de 1re classe de la marine.

Annales maritimes de 1840, page 548.

14 mai 1840. — Décision royale portant fixation de l'indemnité à allouer aux officiers généraux de la marine allant en mission en Angleterre.

Annales maritimes de 1840, page 577.

14 mai 1840. — CIRCULAIRE sur les frais de route et de vacations à accorder aux officiers de la marine voyageant en France, dans les colonies et à l'étranger.

Annales maritimes de 1840, page 1321.

24 mai 1840. — ORDONNANCE portant création d'un corps d'ouvriers mécaniciens et d'ouvriers chauffeurs affectés au service des bâtiments à vapeur de la marine royale.

Annales maritimes de 1840, page 607.

29 mai 1840 — CIRCULAIRE sur la manière de supputer les services des officiers et des marins employés sur les bâtiments affectés aux expéditions du Mexique et de la Plata.

Annales maritimes de 1840, page 582.

16 juillet 1840. — LOI relative à l'établissement de plusieurs lignes de bâtiments à vapeur pour le service des correspondances entre la France et l'Amérique.

Annales maritimes de 1840, page 927.

23 juillet 1840. — RAPPORT au Roi et ordonnance royale concernant le gouvernement des établissements français dans l'Inde.

Annales maritimes de 1840, pages 758 et 791.

23 juillet 1840. — CIRCULAIRE qui fixe la solde et les allocations des Secrétaires des officiers généraux de la marine embarqués.

Annales maritimes de 1840, page 1320.

14 août 1840. — ORDONNANCE du Roi portant création de 40 nouvelles compagnies d'infanterie de marine.

Annales maritimes de 1840, page 808.

15 août 1840. — ORDONNANCE du Roi qui accorde un supplément de solde annuel de 500 francs aux huit plus anciens chirurgiens de 1re classe de la marine, affectés au service colonial.

Annales maritimes de 1840, page 803.

31 août 1840. — ORDONNANCE du Roi portant création de 50 nouvelles compagnies permanentes des équipages de ligne.

Annales maritimes de 1840, page 802.

14 septembre 1840. — ORDONNANCE du Roi portant augmentation dans le cadre des capitaines de vaisseau et dans celui des capitaines de corvette.

Annales maritimes de 1840, page 1009.

19 septembre 1840. — ORDONNANCE royale qui dispose que le régiment d'artillerie de marine est porté à 40 compagnies actives.

Annales maritimes de 1840, page 980.

14 décembre 1840. — Ordonnance du Roi portant concession d'indemnités de logement pour les divers corps de la marine.

Annales maritimes de 1840, page 1313.

31 octobre 1840. — RÈGLEMENT pour servir à l'exécution, en ce qui concerne le département de la marine et des colonies, de l'ordonnance royale du 31 mai 1838, sur la comptabilité publique (l'ordonnance elle-même se trouve au Bulletin des lois, année 1838, page 829 du tome 16, n° 579 de la 9e série).

Annales maritimes de 1840, page 1193.

Caisse des invalides de la marine. — Principaux actes qui établissent ses ressources et ses charges.

RESSOURCES.

Règlement du 23 septembre 1673.

Édit du mois de mai 1709.

Édit du mois de juillet 1720.

Loi du 13 mai 1791, portant consécration de l'établissement des invalides.

Loi du 3 brumaire an IV (25 octobre 1795).

Arrêté du 27 nivôse an IX (17 janvier 1801).

Arrêté du 9 ventôse an IX (28 février 1801).

Arrêté du 19 frimaire an XI (10 décembre 1802).

Règlement du 2 prairial an XI (22 mai 1803).

Décret du 12 avril 1811.

Ordonnance du 22 mai 1816, où se trouvent repris tous les actes constitutifs des ressources de la caisse.

Loi du 10 avril 1825, relative à la répression de la piraterie.

Loi du 4 mars 1831, concernant la répression de la traite des noirs.

Ordonnance du 31 décembre 1833, qui élève de 3 à 5 p. 0/0 la retenue sur les appointements des chefs et employés des bureaux de l'administration centrale, et crée trois autres retenues spéciales, en garantissant du reste le maintien du tarif des pensions tel qu'il existe depuis 1808.

Ordonnance du 12 novembre 1835, d'après laquelle les retenues à exercer, *en cas de congé*, sur la solde des officiers militaires et civils de la marine, et sur celle de tous autres agents affectés, soit au service général, soit au service des colonies, sont versées dans la caisse des invalides de la marine, chargée de payer les pensions de tout le personnel du département.

Ordonnance du 9 octobre 1837, portant révision du tarif des taxes perçues sur les marins employés au petit cabotage et à la petite pêche dite *du poisson frais*, et rétablissement du mode de perception sur les marins employés aux pêches de la baleine et de la morue, conformément aux bases de la loi du 13 mai 1791, et de l'arrêté consulaire du 27 nivôse an IX.

En vertu de cette ordonnance, il est fait un modique prélèvement de 1 pour 0/0 sur les fonds privés que des personnes attachées à la marine versent à la caisse des invalides, en échange de traites payables par les agents de ladite caisse, soit à Paris, soit dans les ports du royaume, soit dans les colonies.

CHARGES.

Règlement du 23 septembre 1673.

Édit du mois de mai 1709.

Édit du mois de juillet 1720.

Loi du 13 mai 1791.

Loi du 12 février 1792.

Loi du 15 germinal an III (4 avril 1795).

Arrêté du 9 messidor an IX (28 juin 1801).

Arrêté du 19 frimaire an XI (10 décembre 1802).

Loi du 8 floréal an XI (28 avril 1803).

Arrêté du 11 fructidor an XI (29 août 1803).

Décrets des 2 février et 4 mars 1808.

Décret du 13 septembre 1810.

Ordonnance du 9 décembre 1815.

Ordonnance du 22 mai 1816, où se trouvent repris tous les actes constitutifs des charges de la caisse.

Ordonnance du 17 septembre 1823.

Ordonnance du 22 janvier 1824.

Ordonnance du 12 mars 1826.

Ordonnance du 29 juin 1828.

Loi du 2 août 1829, d'après laquelle la caisse reverse au trésor la moitié de la retenue de 3 p. 0/0 sur les dépenses du *matériel*.

Loi du 30 mars 1831, portant amélioration des pensions réglées, de 1814 à 1817, aux officiers enveloppés dans les réformes générales.

Loi du 18 avril 1831, calquée sur la loi de guerre, du 11 du même mois.

Loi du 19 mai 1834, sur l'état des officiers.

Ordonnance du 9 octobre 1837, portant que les marins qui réunissent 6 ans de service à bord des bâtiments de l'État sont admis à compter, sur le pied de la durée effective, et non plus seulement à raison des 3/4, le temps d'embarquement sur les bateaux employés à la petite pêche ou pêche du poisson frais, pour la pension dite *demi-solde*, réglée en vertu de la loi du 13 mai 1791.

Nous croyons ne pouvoir mieux terminer cette série de documents sur la législation et l'administration de la marine, que par la liste des secrétaires d'État qui ont, en France, occupé le ministère de la marine et des colonies, depuis sa création jusqu'à ce jour.

LISTE des ministres et secrétaires d'État ayant eu le département de la marine et des colonies, depuis l'année 1547 jusqu'en 1840.

CLAUSSE, premier secrétaire d'État à la création de la charge (14 septembre 1547 à 1558).

ROBERTET DE FRESNE (Florimond), (de 1558 à octobre 1567).

FIVÉS DE SAUVES (Simon), (de 1567 à 1579).

La charge est supprimée en 1579, et rétablie en 1588, en faveur de :

RUSÉ DE BEAULIEU (Martin), (15 septembre 1588 au 5 novembre 1613).

DELOMÉNIE DE LA VILLE-AUX-CLERCS (Antoine), en survivance de Martin Rusé (6 novembre 1613 au 15 janvier 1626).

RICHELIEU (Armand-Duplessis), grand-maître, chef et surintendant de la navigation et du commerce de France (16 janvier 1626 au 4 décembre 1642).

Sous le cardinal ministre, furent chargés du portefeuille du ministère de la marine :

BOUTHILIER (Claude), (29 septembre 1628 au 18 mars 1632).

BOUTHILIER (Léon), seigneur de Chavigny (du 19 mars 1632 au 23 juin 1643).

GUÉNÉGAUD DE PLANCY (Henri), (24 juin 1643 au 20 avril 1663).

DE LYONNE (Hugues), secrétaire d'État pour les affaires étrangères, et chargé du ministère de la marine (du 21 avril 1663 au mois de février 1667).

DE LYONNE (Louis-Hugues), fils du précédent (de février 1667 à février 1669).

COLBERT (Jean-Baptiste), (février 1669 au 6 septembre 1683).

COLBERT, marquis de Seignelay, secrétaire d'État en survivance, à compter de 1669 (septembre 1683 au 5 novembre 1690).

PHÉLIPEAUX, comte de Pontchartrain (Louis), (6 novembre 1690 au 5 septembre 1699).

Phélipeaux, comte de Pontchartrain (Jérôme), fils du précédent (6 septembre 1699 jusqu'au mois de septembre 1715).

Établissement d'un conseil de marine qui remplace le ministère pendant la minorité de Louis XV (septembre 1715 au 16 mars 1723).

Fleuriau, comte de Morville (Charles-Jean-Baptiste), (17 mars 1723 au 10 août même année).

Phélipeaux, comte de Maurepas (Jean-Frédéric), (11 août 1723 au 10 mai 1749).

Rouillé (Antoine-Louis), (11 mai 1749 au 28 juillet 1754).

Machault (Jean-Baptiste), 29 juillet 1754 au 9 février 1757).

Peirenne de Mauras (François-Maurice), (10 février 1757 au 30 mai 1758).

De Massiac (Claude-Louis), (1er juin 1758 au 30 octobre même année). M. Lenormand de Mezy lui fut adjoint pendant ces cinq mois.

Berryer (Nicolas-René), (1er novembre 1758 au 13 octobre 1761).

Choiseuil d'Amboise (Étienne-François), (15 octobre 1761 au 6 avril 1766).

Choiseul, duc de Praslin (César-Gabriel), (7 avril 1766 au 23 décembre 1770).

Terray (Joseph-Marie), contrôleur-général des finances, chargé par *interim* du ministère de la marine (24 décembre 1770 au 9 avril 1771).

Bourgeois de Boyne (Pierre-Étienne), (10 avril 1771 au 18 juillet 1774).

Turgot (Antoine-Robert-Jacques), (19 juillet 1774 au 23 août 1774).

De Sartine (Antoine-Raymond-Jean-Gilbert-Gabriel), (24 août 1774 au 13 octobre 1780).

Delacroix, maréchal de Castries (Charles-Eugène), (14 octobre 1780 au 23 août 1787).

Montmorin de Saint-Herem, chargé par intérim du ministère (24 août 1787 au 22 décembre 1787).

De la Luzerne (César-Henri), (23 décembre 1787 au 24 octobre 1790).

Claret de Fleurieu (Charles-Pierre), (25 octobre 1790 au 15 mai 1791).

Thévenard (Antoine-Jean-Marie), (16 mai 1791 au 17 septembre 1791).

Delessart, par intérim (18 septembre 1791 au 1er octobre 1791).

Bertrand de Molleville (Antoine-François), (2 octobre 1791 au 14 mars 1792).

Lacoste (Jean), (15 mars 1792 au 20 juillet 1792).

Dubouchage (François-Joseph), (21 juillet 1792 au 11 août 1792).

Monge (Gaspard), (12 août 1792 au 9 avril 1793).

Dalbarade (Jean), ministre et ensuite commissaire de la marine et des colonies (10 avril 1793 au 30 juin 1795 — 13 messidor an iii).

Redon de Beaupréau (Jean-Claude), commissaire de la marine et des colonies (1er juillet 1795 au 6 novembre même année — 13 messidor an iii au 15 brumaire an iv).

Truguet (Laurent-Jean-François), ministre de la marine et des colonies (7 novembre 1795 au 18 août 1797 — 16 brumaire an iv au 1er fructidor an v).

Pléville le Peley (George-René), (19 août 1797 au 26 avril 1798 — 2 fructidor an v au 7 floréal an vi).

Bruix (Étienne), (27 avril 1798 au 1er juillet 1799 — 8 floréal an vi au 13 messidor an vii).

Bourdon de Vatry (Marc-Antoine), (2 juillet au 22 novembre 1799 — 14 messidor an vii au 1er frimaire an viii).

Forfait (Pierre-Alexandre-Laurent), (23 novembre 1799 au 1er octobre 1801 — 2 frimaire an viii au 9 vendémiaire an x).

Decrès (Denis), (1er octobre 1801 — 10 vendémiaire an x au 29 mars 1814).

Malouet (Pierre-Victor), commissaire pour la marine et les colonies (3 avril au 12 mai 1814), et ministre secrétaire d'État au département de la marine et des colonies (13 mai au 7 septembre 1814).

Nota. M. Malouet n'étant pas à Paris lors de sa nomination, M. Jurien (Charles-Marie) a été chargé du portefeuille jusqu'à son arrivée; et, lorsque M. Malouet est tombé malade, M. Ferrand, directeur général des postes, a été également chargé du portefeuille comme ministre intérimaire, le 2 août 1814 jusqu'au 2 décembre suivant.

Beugnot (Jacques-Claude), (3 décembre 1814 au 19 mars 1815).

Decrès (Denis), (21 mars au 8 juillet 1815).

De Jaucourt (François), (10 juillet au 23 septembre 1815).

Dubouchage (François - Joseph), (24 septembre 1815 au 22 juin 1817).

Gouvion-Saint-Cyr (Laurent), (23 juin au 11 septembre 1817).

Cte Molé (Mathieu-Louis), (12 septembre 1817 au 28 décembre 1818).

Bon Portal (29 décembre 1818 au 13 décembre 1821).

Clermont-Tonnerre (14 décembre 1821 au 3 août 1824).

Cte de Chabrol de Crouzol (4 août 1824 au 2 mars 1828.)

Bon Hyde de Neuville (3 mars 1828 au 7 août 1829).

Cte de Rigny, nommé le 8 août 1829, n'accepte pas.

Le prince de Polignac remplit l'intérim du 8 au 26 août 1829.

B^on^ d'Haussez, nommé le 23 août, exerce du 26 août 1829 au 27 juillet 1830.

Bon Tupinier, chargé par intérim de l'administration de la marine en l'absence du comte de Rigny nommé, le 31 juillet 1830, par la commission municipale, commissaire provisoire, et qui n'accepte pas (2 au 10 août 1830).

Cte Sebastiani (11 août au 16 novembre 1830).

Cte d'Argout (17 novembre 1830 au 22 mars 1831).

Cte de Rigny (23 mars 1831 au 4 avril 1834).

Bon Roussin, n'accepte pas; Cte de Rigny, par intérim. (4 avril au 18 mai 1834).

Cte Jacob (19 mai au 9 novembre 1834).

Bon Dupin (Charles), (10 au 18 novembre 1834).

Cte de Rigny, ministre des affaires étrangères, chargé de l'intérim de la marine (18 au 22 novembre 1834).

Bon Duperré (22 novembre 1834 au 6 septembre 1836).

Vice-amiral de Rosamel (7 septembre 1836 au 30 mars 1839).

Bon Tupinier (31 mars au 11 mai 1839).

Bon Duperré (12 mai 1839 au 29 février 1840).

Bon Roussin (1er mars au 28 octobre 1840).

Bon Duperré (29 octobre 1840).

www.ingramcontent.com/pod-product-compliance
Ingram Content Group UK Ltd.
Pitfield, Milton Keynes, MK11 3LW, UK
UKHW021137230726
13926UKWH00002B/848

9 782014 058604